MEIN KLEINES

Schutzengelchen

GUTE WÜNSCHE
FÜR DEIN LEBEN

Ich wünsche dir
ein kleines
Schutzengelchen,
das dir auf all deinen Wegen
ein treuer Begleiter ist, auf dich
Acht gibt und dich behütet.
Als kleiner Beschützer an deiner
Seite gibt es dir immer das Gefühl,
nicht alleine zu sein.

UM DEINE TRÄUME
UND WÜNSCHE WAHR WERDEN
ZU LASSEN, SCHICKT DIR
DEIN SCHUTZENGEL
Kraft UND **Energie, Mut**
UND **Selbstvertrauen.**

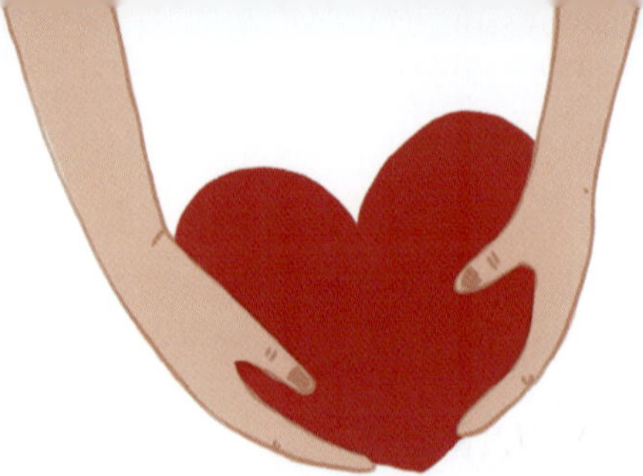

Dass du dein Leben in vollen Zügen genießt, lachst und lebst,

das wünsche ich dir. Dein Engel verwahrt all die wundervollen Erinnerungen sicher in deinem

Herzen.

DAS LEBEN WIRD MIR
NIE ZUR GEWOHNHEIT.
ES IST IMMER EIN
Wunder.

KATHERINE MANSFIELD

DENK EINFACH AN
ETWAS SCHÖNES UND
DEIN HERZ LÄSST
DICH FLIEGEN.

JAMES MATTHEW BARRIE

DEIN
SCHUTZENGELCHEN
BRINGT FREUDE
UND WUNDERVOLLE
GEDANKEN IN DEIN
Leben.

Das Vertrauen
vermag alles, es bewirkt
Wunder.

THERESE VON LISIEUX

WAGE ES, NEUES
AUSZUPROBIEREN UND
vertraue darauf,
DASS DU BEI JEDEM
SCHRITT BEGLEITET UND
BESCHÜTZT WIRST.

SEI *mutig* UND *selbstbewusst!*

Dein kleiner
Begleiter
zeigt dir, was du schon
alles aus eigener Kraft
geschafft hast und
erinnert dich daran,
dass du
auf dich selbst vertrauen kannst.

Zuversicht und Hoffnung

findest du bei deinem Engelchen, sodass du alle Stürme deines Lebens überstehen kannst.

MANCHMAL MUSS
ES RICHTIG STÜRMEN,
DAMIT DIE **Wolken**
VORÜBERZIEHEN.

STEFANIE VEY

OFT HILFT DIR DEIN ENGEL
IN DEN ENTSCHEIDENEN
AUGENBLICKEN DES LEBENS
MIT EINEM
guten Einfall.

ER SCHICKT DIR EINE
NEUE IDEE, DIE LÖSUNG
ZU EINEM SCHWIERIGEN
PROBLEM ODER DIE
RICHTIGE INSPIRATION.
ÖFFNE DEINE AUGEN
FÜR DIE
KLEINEN *Zeichen*
DEINES BEGLEITERS.

DIE **Schutzengel** UNSERES
LEBENS FLIEGEN MANCHMAL SO HOCH,
DASS WIR SIE NICHT SEHEN KÖNNEN, DOCH SIE
VERLIEREN UNS NIEMALS AUS DEN AUGEN.

JEAN PAUL

ENGEL SIEHT MAN
NUR, WENN MAN SIE
fühlt.

HILLA OLNHOFF

Einen kleinen Schutzengel
wünsche ich dir, der dir hilft,
Ausgeglichenheit
und inneren Frieden
in deinem
Leben zu finden.

ZUFRIEDENHEIT UND
GELASSENHEIT GEHEN
OFT HAND IN HAND

RAINER KAUNE

MANCHMAL
STOLPERN WIR AUF
UNSEREM WEG ODER
FALLEN SOGAR HIN …

… DEIN **Schutzengel** WIRD DIR IN DIESEN MOMENTEN DIE HAND REICHEN, DIR WIEDER AUF DIE BEINE HELFEN UND AN DEINER SEITE SEIN.

Schutzengel lassen
dich ein Gefühl von

Wärme

und

Geborgenheit

spüren, das du mit
dir trägst, egal wohin du gehst.

WAGST DU DICH IN EIN
AUFREGENDES ABENTEUER,
SO WIRD DEIN KLEINES
SCHUTZENGELCHEN STETS

an deiner Seite sein.

ES BEGLEITET DICH,
NIMMT DIR DIE ANGST UND ZEIGT
DIR DEN ZAUBER, DER IN JEDEM
MOMENT ZU FINDEN IST.

HINDERNISSE IN
SICH SELBST ZU
ÜBERWINDEN, SIND
**die großen
Schritte zum Ziel.**

ELFRIEDE ENGEL

Ich wünsche dir,
dass du dich mutig
allen Herausforderungen
stellst und an ihnen
wachsen kannst.
Dein Engelchen
gibt dir

Kraft.

DEIN KLEINER SCHUTZENGEL SCHICKT
DIR MENSCHEN AUF DIE ERDE, DIE
DEIN LEBEN MIT

Freude, Liebe und Glück

ERFÜLLEN.

DIE LEUCHTKRAFT
DER *Liebe* SPRÜHT GLÜCK INS HERZ.

RUTH W. LINGENFELSER

DANKBARKEIT, FREUDE
UND LIEBE VERWANDELN
DAS LEBEN.

BETTINA SPERL

Dein persönlicher Beschützer
hält für dich die Augen offen
und zeigt dir, wie wertvoll und
kostbar auch die

kleinste
Kleinigkeit

sein kann.

WENN DU
EINMAL NICHT
WEITER WEISST, HILFT
DIR DEIN ENGELCHEN
DABEI, AUF DEN
richtigen Weg
ZURÜCKZUFINDEN.

DA IST
IMMER
EIN

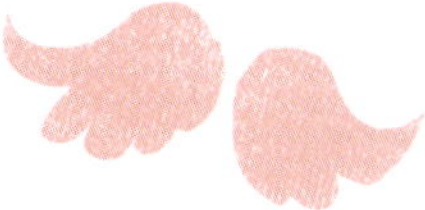

ENGEL, DER DICH
BEGLEITET, DER DICH
AUF DEINEM WEG BESCHÜTZT,
DER DIR HILFT UND DICH
UNTERSTÜTZT, WENN DU IHN
UM HILFE BITTEST.

MARIA ROHMER

Innerer Friede

IST DAS GRÖSSTE
GESCHENK, DAS UNSER
ENGEL UNS MACHT.

UNBEKANNT

Um voller Ruhe in die
Zukunft blicken
zu können, schenkt
dir dein kleines
Schutzengelchen
eine große Portion

Gelassenheit.

DIE BESTEN
BEGLEITER DURCH
ALLE HÖHEN UND
TIEFEN DES
ALLTAGS SIND
**Gelassenheit und
Lebensfreude.**

IRMGARD ERATH

Bleibe dir selbst
und deinen
Träumen treu,

auch wenn das Leben mal
nicht so rund läuft.

DEIN ENGEL ERMUTIGT DICH,
NICHT AUFZUGEBEN UND FEST AN
DEINE **Herzenswünsche**
ZU GLAUBEN.

Ich wünsche dir ein

Schutzengelchen,

das dich daran erinnert, ab und zu
einen Moment der Ruhe zu genießen.
In dieser Stille kannst du neue

**Energie
und Kraft**

tanken, um gestärkt weiterzumachen.

ooommm ...

DEIN SCHUTZENGEL
KANN PLÖTZLICH
NEBEN DIR STEHEN.
GERADE DANN,
**wenn er
am meisten
gebraucht wird.**

MARGIT HOFFMANN

Du bist nicht allein.

Dein Engel wacht über dich
und sorgt für dich. Er liebt dich
in jedem Moment, denn

*du bist genau richtig,
so wie du bist.*

DU BIST ETWAS GANZ

Besonderes!

Textnachweis: Wir danken allen Autoren bzw. deren Erben, die uns freundlicherweise die Erlaubnis zum Abdruck von Texten erteilt haben.

Cover: Barbara Fuchs
Illustrationen: Ulrike Halvax
Layout und Satz: Ulrike Halvax
Projektmanagement: Sarah Schindler
Gesamtherstellung: AZ Druck und Datentechnik GmbH, Kempten

Aus Verantwortung für die Umwelt hat sich die Verlagsgruppe Droemer Knaur zu einer nachhaltigen Buchproduktion verpflichtet. Der bewusste Umgang mit unseren Ressourcen, der Schutz unseres Klimas und der Natur gehören zu unseren obersten Unternehmenszielen. Gemeinsam mit unseren Partnern und Lieferanten setzen wir uns für eine klimaneutrale Buchproduktion ein, die den Erwerb von Klimazertifikaten zur Kompensation des CO_2-Ausstoßes einschließt. Weitere Informationen finden Sie unter: www.klimaneutralerverlag.de

Mein kleines Schutzengelchen – Gute Wünsche für dein Leben
GTIN 978-3-8485-0230-1

www.geschenkverlage.de

FSC www.fsc.org
MIX
Papier | Fördert gute Waldnutzung
FSC® C008457

1 2 3 4 5